CARTA 8
Sobre el espíritu de servicio a la Iglesia

JOSEMARÍA ESCRIVÁ DE BALAGUER

CARTA 8
Sobre el espíritu de servicio a la Iglesia

Edición preparada por
LUIS CANO

EDICIONES RIALP
MADRID

© 2024 *by* Scriptor S. A.,
EDICIONES RIALP, S. A.,
Manuel Uribe 13-15, 28033 Madrid
(www.rialp.com)

Preimpresión: www.produccioneditorial.com

ISBN: 978-84-321-6842-0
Depósito legal: M-15925-2024

Impreso en España   *Printed in Spain*

Anzos, S. L. - Fuenlabrada (Madrid)

ÍNDICE

NOTA DEL EDITOR

Presentamos una de las *Cartas* de san Josemaría, la número 8 según la edición de sus Obras completas. A diferencia de las misivas de su epistolario personal, en este género de escritos san Josemaría trata de algún aspecto del espíritu, de la misión o de la historia del Opus Dei y se dirige a los hombres y mujeres de la Obra de todos los tiempos, aunque se contienen enseñanzas que también pueden ser útiles a todos los cristianos. Lo vemos en este texto, que se dedica al espíritu de servicio que debe informar a toda iniciativa eclesial, especialmente si se ejercita desde una perspectiva secular. Su tono no es el de un tratado, sino el de una conversación familiar, en donde las ideas van fluyendo sin un orden rígido[1].

---

[1] Para conocer más detalles sobre la naturaleza e historia de estos documentos, remitimos a la amplia *Introducción general* del primer volumen de *Cartas* de la Colección

La fecha que lleva este documento nos recuerda una fase de la historia del Opus Dei en el que un buen número de sus miembros comenzaba a incorporarse a la vida profesional, tras terminar los estudios universitarios[2]. Al fundador le importaba orientarles acerca de la santificación de las actividades temporales y del compromiso evangelizador en medio del mundo que caracterizan la misión de cada persona de la Obra. En especial, esta *Carta* subraya dos aspectos: la libertad y, como ya hemos dicho, el espíritu de servicio. Aunque seguramente utilizó materiales más antiguos para su composición, sabemos que revisó este escrito y le dio su forma definitiva antes del 6 de febrero de 1967, fecha en la que se imprime. En esa época, algunos de los temas de la *Carta* cobraban especial actualidad, porque Escrivá de Balaguer estaba defendiendo en varios frentes la libertad en la actuación política,

---

de Obras completas de san Josemaría, publicado por Rialp: Josemaría ESCRIVÁ DE BALAGUER, *Cartas* (I), edición crítica y anotada, preparada por Luis CANO, Colección de Obras Completas de Josemaría Escrivá, Madrid, Rialp, 2020, pp. 3-32.

[2] Cfr. Onésimo DÍAZ, *Expansión. El desarrollo del Opus Dei entre los años 1940 y 1945*, Madrid, Rialp, 2020, pp. 402-411.

económica, cultural y social de los miembros del Opus Dei[3].

El contenido de esta *Carta* bien se podría resumir con esta frase del fundador: «La única ambición, el *único deseo del Opus Dei y de cada uno de sus hijos es servir a la Iglesia*, como Ella quiere ser servida, dentro de la específica vocación que el Señor nos ha dado» (§1).

San Josemaría trata, en efecto, de la misión del Opus Dei, como servicio a Dios, a la Iglesia, a todas las personas, creyentes o no. Se detiene especialmente en el amor a la libertad de los hombres, y en el carácter secular y laical con que se lleva a cabo.

Otras características del espíritu de servicio, según este documento, son la actitud desinteresada y desprendida con que se ejercita (§§9-12b; §§41-43); el deseo de buscar la unidad

---

[3] Cfr. Jaume AURELL, "La formación de un gran relato sobre el Opus Dei", SetD 6 (2012), pp. 273-274. Entre otras medidas, san Josemaría concedió varias entrevistas entre 1966 y 1968 a diversos medios internacionales, algunas de las cuales fueron recogidas después en el libro *Conversaciones con Mons. Escrivá de Balaguer* (1968), editado en la presente colección (Josemaría ESCRIVÁ DE BALAGUER, *Conversaciones con Mons. Escrivá de Balaguer*, edición crítico-histórica preparada por José Luis ILLANES y Alfredo MÉNDIZ, Madrid, Rialp, 2012).

con las demás realidades de la Iglesia (§§36-37, §§57-60); la compenetración entre vida profesional y vocación sobrenatural, que lleva a no separar a nadie de su sitio y a ejercer el propio servicio a la Iglesia desde la propia ocupación secular (§§33-35); la ausencia de autobombo o propaganda y al mismo tiempo el rechazo del secreto o del disimulo de la propia condición de cristianos (§§44-52), etc.

En varios momentos, san Josemaría se refiere a contradicciones que ha sufrido el Opus Dei por parte de personas que no comprenden el espíritu de libertad o que caen en el clericalismo (§§13-17) y aprovecha estas páginas para distinguir entre anticlericalismo bueno y malo (§§19-28).

CARTA 8

[Sobre el espíritu de servicio a la Iglesia que caracteriza a la vida de los miembros del Opus Dei; también designada por el íncipit *Legitima hominum*, lleva la fecha del 31 de mayo de 1943; fue enviada el 6 de febrero de 1967].

La legítima libertad de los hombres, si son verdaderamente honestos, con la ayuda divina, les lleva al deseo de servir a Dios y a sus criaturas. *Servite Domino in veritate*[1], servid al Señor en verdad, aconsejaba Tobías a sus hijos. Y este es el consejo que también os doy, porque hemos recibido la *llamada de Dios*, para hacer un peculiar servicio a su Iglesia y a todas las almas. La única ambición, el único deseo del Opus Dei y de cada uno de sus hijos es servir a la Iglesia, como Ella quiere ser servida, dentro de la específica vocación que el Señor nos ha dado.

Nos sumus servi Dei caeli et terrae[2], somos siervos del Dios de los cielos y de la tierra. Y toda nuestra vida es eso, hijas e hijos míos: un servicio de metas exclusivamente sobrenaturales, porque el Opus Dei no es ni será nunca —ni puede

---

[1] Tb 14,10.
[2] Esd 5,11.

serlo– instrumento temporal; pero es al mismo tiempo un servicio humano, porque no hacéis más que tratar de lograr la perfección cristiana en el mundo limpiamente, con vuestra libérrima y responsable actuación en todos los campos de la actividad ciudadana. Un servicio abnegado, que no envilece, sino que educa, que agranda el corazón –lo hace *romano,* en el sentido más alto de · esta palabra– y lleva a buscar el honor y el bien de las gentes de cada país: para que haya cada día menos pobres, menos ignorantes, menos almas sin fe, menos desesperados, menos guerras, menos inseguridad, más caridad y más paz.

Servir es imitar a Cristo

2 Queremos servir, nos sentimos honrados de hacerlo y estamos convencidos de que no podríamos imitar a Cristo, como es nuestro único deseo, si prescindiéramos de ese afán. El Señor, hijos míos, vino para eso a la tierra –*filius hominis non venit ministrari, sed ministrare*[3]; el hijo del hombre no vino a ser servido, sino a servir– y todo el que quiera seguirle no ha de pretender otra línea de conducta.

Os diré, con San Pablo, que *habéis de tener en vuestros corazones los mismos sentimientos que*

---

[3] Mt 20,28.

tuvo Jesucristo en el suyo; el cual, teniendo la naturale-
za de Dios, no fue por usurpación el ser igual a Dios; y
no obstante, se anonadó a sí mismo tomando la forma
de siervo, hecho semejante a los hombres, y reducido a
la condición de hombre[4].

Ese camino es el que sigue el Papa, el dulce Cris-   3
to en la tierra, el Vice-Dios —como me gusta
llamarlo—, que dice de sí mismo que es *servus
servorum Dei*, el siervo de los siervos de Dios. Y si
el Sumo Pontífice es siervo, hijas e hijos míos, no
es tolerable que haya católicos que no quieran
serlo. Uno solo es el Señor, único es el Dueño
de la Iglesia: Jesucristo, Nuestro Dios, que —además de habernos creado— la ha comprado con
el precio de su Sangre, *quam acquisivit sanguine
suo*[5]. Por eso es encantador —y justo— el modo
que tienen en algunas tierras de América, para
referirse a Jesús: *el Amo*, le llaman.

Fuera del Señor, nadie hay en la tierra que
sea propietario de las almas: todos venimos a ser-
virlas, y a eso nos ha llamado cuando nos enri-
queció con el don maravilloso de la fe, y cuando
nos quiso en su Obra: *sic nos existimet homo ut
ministros Christi et dispensatores mysteriorum Dei*[6],

---

[4] Flp 2,5-7.
[5] Hch 20,28.
[6] 1 Co 4,1.

así nos han de considerar los hombres: como ministros de Cristo y dispensadores de los misterios de Dios.

4   No penséis, sin embargo, que sea fácil hacer de la vida un servicio. Es necesario traducir en realidades ese buen deseo, *porque el reino de Dios no consiste en palabras, sino en la virtud*[7], y la práctica de una ayuda constante a los demás no es posible sin sacrificio. *Instantia mea quotidiana sollicitudo omnium ecclesiarum*[8], carga sobre mí la preocupación de todas las iglesias —escribía San Pablo—, y este suspiro del Apóstol recuerda a todos los cristianos la responsabilidad que todos los fieles hemos de sentir, para poner a los pies de la Esposa de Jesucristo —de la Iglesia santa— lo que somos y lo que poseemos, amándola fidelísimamente, aun a costa de la hacienda, de la honra y de la vida.

Por eso, al empezar estas consideraciones, me viene a la memoria el duro peso que grava sobre el Papa y sobre los obispos, y me siento urgido a recordaros la veneración, el afecto, la ayuda que debéis darles con vuestra oración y con vuestra vida entregada. Los miembros del Cuerpo Místico son ciertamente variadísimos,

---

[7] 1 Co 4,20.
[8] 2 Co 11,28.

pero todos pueden resumir su misión en el servicio a Dios, a la totalidad del Cuerpo Místico, a las almas.

Hay sí, diversidad de dones espirituales, pero el Espíritu es uno mismo. Hay también diversidad de ministerios, pero el Señor es uno mismo. Hay diversidad de operaciones sobrenaturales, pero el mismo Dios es el que obra todas las cosas en todos. Los dones visibles del Espíritu se dan a cada uno para la utilidad.   5

Así uno recibe del Espíritu el don de hablar con profunda sabiduría; otro recibe del mismo Espíritu el don de hablar con ciencia; a este le da el mismo Espíritu una fe extraordinaria; al otro la gracia de curar enfermedades por el mismo Espíritu; a quien, el don de hacer milagros; a quien, el don de profecía; a quien, discreción de espíritus; a quien, el don de hablar varios idiomas; a quien, el de interpretar las palabras. Todo esto lo causa el mismo indivisible Espíritu, repartiendo sus gracias a cada uno según quiere [9].

Todos, pues, somos útiles en la Iglesia: necesarios, diría. Todos tenemos una única misión que cumplir —servir y trabajar apostólicamente— y está claro que a la vista de esa comunidad de intentos, no hay tareas o carismas de   6

[9] 1 Co 12,4-11.

mayor o menor importancia: el puesto que a cada uno le corresponde será alto o bajo, solamente en razón de la fidelidad a la gracia de Dios y de la rectitud de intención que se tenga al desempeñarlo.

Por eso, *Él mismo a unos ha constituido apóstoles, a otros profetas, a otros evangelistas, a otros pastores y doctores, a fin de que trabajen en la perfección de los santos, en las funciones de su ministerio, en la edificación del Cuerpo de Jesucristo, hasta que lleguemos todos a la unidad de una misma fe y de un mismo conocimiento del Hijo de Dios, al estado de varón perfecto, a la medida de la edad perfecta según Cristo*[10].

7   No podéis olvidar, de todos modos, que la misión de servicio recae especialmente sobre los que tienen autoridad en la Iglesia; y cuanto más arriba se está, es mayor el alcance de la responsabilidad y la obligación del sacrificio.

Es dura la carga de llevar en la tierra el peso de la Iglesia, y la de procurar su continuo crecimiento; y os lo repito, para que así aumente cada día el amor que el espíritu de la Obra os hace sentir por quienes tienen sobre los hombros esa misión; y para que hagáis que siempre cuenten con la ayuda de vuestra

---

[10] Ef 4,11-13.

unidad y con el apoyo de vuestro trabajo apostólico en medio del mundo, entre los otros ciudadanos, vuestros iguales.

El Señor nos pide a todos una exquisita fidelidad   8
a sus mandatos, y quiere que estemos preparados para cumplir ese deber: *unusquisque proprium donum habet ex Deo, alius quidem sic, alius vero sic*[11]; cada uno tiene de Dios su propio don, quien de una manera, quien de otra.

Por eso, porque hemos de servir, siempre os repito que *para servir*, es necesario *servir*. Para ser de utilidad al Cuerpo Místico, se precisa una recta conciencia, bien formada, que produzca frutos de buenas obras y sepa respetar la libertad de la conciencia ajena.

Necesitamos una rica vida interior, signo cierto de amistad con Dios y condición imprescindible para cualquier labor de almas; urge adquirir doctrina, y vivir de fe, para poder darla, y evitar así que las almas caigan en los errores de la ignorancia o en el *pietismo*, que desfigura con su devoción vana, sensiblera o supersticiosa, el rostro de la verdadera piedad.

---

[11] 1 Co 7,7.

Apostolado: preparar a otros para que sirvan generosamente

9   Es preciso también que —al dar esa doctrina— enseñéis a los hombres lo que significa la vocación de los hijos de la Iglesia. Ayudadles a que comprendan que su empeño mayor ha de ser el de servir, y —entre otras cosas, con el apostolado de no dar— procurad que amen la generosidad y el desprendimiento; y que comprendan que un hijo de Dios ha de trabajar por su Padre, sin esperar ventajas terrenas.

Es necesario mantener vivo el espíritu sobrenatural y el afán apostólico; hay que huir de ver falsamente, en la vida espiritual, solo una merma de la libertad; en la formación doctrinal, un montón de fórmulas ininteligibles; en el apostolado, una especie de profesión superañadida, para las horas libres.

Evitad, con vuestro ejemplo, que tantos cristianos abandonen cobardemente el trabajo en muchos campos nobles y lícitos, dejándolos en manos de los enemigos de Dios y de su Iglesia. Actuad con decisión —que exige olvido de sí mismo—, para no caer en la cómoda pasividad de quienes abusan temerariamente de la Providencia divina y esperan unos auxilios extraordinarios, que el Señor no tiene por qué dar, si no ponemos los medios humanos que están a nuestro alcance.

No os extrañe encontrar gentes, sin embargo,   10
que consideren como ambición vuestro afán de
trabajar por Dios en todos los puestos de la sociedad –en los que os corresponden, por vuestra
profesión u oficio, o por vuestra condición de
ciudadanos–, o que reaccionen como ofendidas
ante vuestro servicio.

No os molestéis –os diré con una metáfo-
ra inocente, que ha desagradado a algunos, que
por lo visto ladran– perdiendo el tiempo en ape-
drear a los perros que os ladren en el camino,
y, sin ostentaciones ni espectáculos, seguid seña-
lándoos metas, medios nobles, fines concretos
que os ayuden a ir adelante, con firmeza humana
y sobrenatural, para poner a los pies de Cristo
todas las actividades terrenas.

No os preocupe el qué dirán: trabajad, sin mirar   11
de reojo al vecino –como hacen bastantes–, porque lo contrario es cosa mala que a nadie beneficia.
Considerad solo si Dios está contento, y alegraos si
comprobáis que los demás han hecho otro tanto.

Hijas e hijos míos, gozaos también cuando
la dureza del trabajo os haga recordar quizá que
estáis sirviendo, porque servir por Amor es una
cosa deliciosa, que llena de paz el alma, aunque
no falten sinsabores. Tengo por orgullo de mi
vida –tenedlo vosotros también– ser el servidor
de todo el mundo.

Quiero servir a Dios y, por amor a Dios, servir con amor a todas las criaturas de la tierra, sin distinción de lenguas, de razas, de naciones o de creencias; sin hacer ninguna de esas diferencias que los hombres, con más o menos falsía, señalan en la vida de la sociedad.

Grande y hermosa es la misión de servir. Por eso, este buen espíritu –gran señorío–, que se compagina perfectamente con el amor que tenemos a la libertad, ha de impregnar todo el trabajo de mis hijas y de mis hijos en el Opus Dei. Y quiero que sea también la característica más principal de mi pobre vida de sacerdote y de Padre vuestro: ser y saberme siervo siempre, y especialmente en las épocas –que no faltarán–, en las que muchos huyan de la humildad del servicio al prójimo.

12 Sin embargo, en el mundo de hoy, con esas trapisondas y esos revuelos –con esa falsía, os he dicho antes–, hay muchas gentes que, cuando oyen hablar de servicio, se asustan: porque están llenas de soberbia, y no consideran que en el mundo nos servimos unos a otros; no hay nadie en la tierra que, de alguna manera, no tenga que servir a los demás, porque dependemos de los que viven en nuestro país, de los que están próximos y de los que están lejanos, de los que habitan en otras naciones: de todos.

Servimos a los demás, queramos o no queramos, y nosotros hemos de hacerlo gustosamente, con la alegría que el Señor ha puesto en nuestro espíritu: *servite Domino in laetitia*[12], servid al Señor gozosamente.

No os faltarán dificultades, porque siempre el que ha pretendido hacer algo bueno ha encontrado obstáculos y, tratándose de un servicio a la Iglesia, me atrevería a decir que esos obstáculos son de ordinaria administración.   13

Sorprende a veces que los pongan precisamente algunos que se consideran o se proclaman católicos, pero —examinadas de cerca las cosas— la *contradicción de los buenos* con frecuencia se ve que no es tan *de los buenos*, porque suelen ser los mismos que, quizá más veladamente, atacan a otros miembros de la Iglesia o a los que la gobiernan.

La táctica que suelen seguir es doble: de una parte, procuran esconder o desconocer el servicio que hacen aquellos a quienes ponen sus zancadillas, para que no parezca que es a la Iglesia a la que atacan; y de otra parte, enmascaran ese innoble proceder con disfraces pseudoapostólicos, bajo capa de unir con ellos tras la misma bandera a los que, por odio a la Iglesia, están dispuestos a hacerles coro, para destruir las criaturas que —en el

---

[12] Sal 100[99],2.

seno de la Iglesia– Dios mismo según los tiempos promueve, para su gloria y su servicio.

14 Cuando, a lo largo de todos estos años, he predicado al clero por toda la geografía de España, he solido decir a los sacerdotes, que hay tres clases de curas: los que no hacen mal a nadie, pero tampoco hacen demasiado bien, porque se han convertido en *burócratas* de la religión; los revoltosos que se mueven incesantemente, alborotando mucho, haciendo ruido; y los verdaderamente celosos que, llenos de santo entusiasmo, no se detienen ante ningún sacrificio, con tal de acercar las almas a Dios.

A los que pertenecen a los dos primeros corros, ordinariamente nadie les ataca; solo los del tercer grupo –precisamente por su afán de servir a la Iglesia– se ven expuestos a críticas y murmuraciones. Ante su abnegada labor, no faltan incluso alianzas diabólicas que –aunque tuvieran un motivo justo, y no lo suelen tener– van más allá del sentido de la justicia y caen en algo que parece una inexplicable sed de venganza: se ven públicamente, cogidos del brazo, eclesiásticos y personajes del mundo, bien conocidos por sus continuos ataques a la Fe Católica.

Dolor ante la incomprensión de los buenos

Es doloroso, además, que tal modo de tratar a   15
los que quieren ser fieles, encuentre crédito entre
personas que deberían gozar de claro discerni-
miento. Da pena comprobarlo, por dos motivos:
porque, atendiendo y dando fe a esas charlata-
nerías, se pasa por alto la injusticia y la falta de
equidad que se comete; y porque las pobres almas que son blanco de esos manejos no suelen
tener medios para defenderse ni demostrar la
verdad: la mayor parte de las calumnias son anó-
nimas, y no hay derecho al que recurrir.

 Muchas veces esos pobrecillos se ven echar
encima un cúmulo de basura, *ex informata cons-*
cientia, y desgraciadamente la conciencia —que
acoge cosas santas— es a veces elástica y se llena
también de cosas tremendamente malas.

 No se puede juzgar sin oír al acusado, a
base solo de ir recogiendo el *se dice,* porque si
nos olvidáramos de esa elemental regla de pru-
dencia, nadie quedaría en pie dentro de la Iglesia
de Dios. De este modo esos acusadores no serán amigos de Dios, que ha dicho: *vos amici mei*
estis, si feceritis quae ego praecipio vobis [13]; vosotros
sois mis amigos, si hacéis lo que yo os mando, si
obráis con rectitud.

---

[13] Jn 15,14.

16   Se usan en ocasiones procedimientos medieva-
les, con secretos infrahumanos que no permiten
que nadie se defienda; que obligan al reo a dar
golpes en la obscuridad, a angustiarse porque no
sabe de quién viene la acusación ni de qué le
acusan; y, si pregunta, tampoco le contestan.

Se le atribuyen con frecuencia cosas que
ignora —si las supiera, podría fácilmente reba-
tirlas—, y el único consuelo que le queda es
ofrecer sus sufrimientos a Dios y pensar que
algo parecido sucedió a Jesús: *nemo tamen pa-
lam loquebatur de illo propter metum Iudaeorum*[14],
nadie hablaba públicamente de Él, por miedo
a los judíos.

No es que el sistema sea simplemente vie-
jo: es que es injusto, aunque se haga un informe
o muchos informes, o incluso un proceso, si es
que el interesado o sus defensores no pueden conocer las causas de la imputación: porque tantas
veces el acusador se mueve por pasión personal,
bien ajena a la justicia.

Por eso, en tales tristes casos, suelen darme
más pena los acusadores y los que juzgan, que
los que aparecen como reos: los primeros se jue-
gan el alma; a los segundos, se les pueden decir
las palabras de la primera Epístola de San Pedro:

---

[14] Jn 7,13.

si quid patimini propter iustitiam, beati[15]; si pade-
céis por la justicia, sois bienaventurados.

Pienso sinceramente que, si alguien es acusado, es a 17
él a quien se debe preguntar en primer lugar, porque
es quien conoce la teoría y la práctica de lo que hace,
y podrá aclarar los puntos que se le digan. A veces,
sin embargo, da la impresión de que se confunde la
equivocación con el *equivocado*, y no falta quien pien-
se que lo que verdaderamente interesa a alguno es
condenar al que se *equivocó*, sin tratar de corregir el
error: entre otras cosas, porque el error no existe.

    Hasta los fariseos —*et qui missi fuerant erant ex
pharisaeis*[16]— se comportaron de manera más noble, preguntando directamente al Bautista: *tu, quis
es?*[17], ¿*tú quién eres? Y eso que una* vez Juan, *videns
autem multos pharisaeorum*[18], viendo un grupo de
fariseos, les apostrofó llamándoles *raza de víboras*[19].

Características de nuestro servicio

Cerremos, sin embargo, este paréntesis, porque 18
no quiero alargar mucho esta Carta, y he de

---

  [15] 1 P 3,14.
  [16] Jn 1,24.
  [17] Jn 1,19.
  [18] Mt 3,7.
  [19] *Ibid.*

haceros todavía bastantes consideraciones sobre algunas características de nuestro servicio al Señor y a las almas.

Lo primero que deseo haceros notar —aunque me lo habéis oído muchas veces— es que nuestra tarea, hijas e hijos queridísimos, es una labor secular, laical, de ciudadanos corrientes —*iguales* a los otros ciudadanos, y *no como* los otros ciudadanos— que buscan su santidad y hacen apostolado *en y desde* los quehaceres profesionales, en los que están empeñados en medio del mundo.

Nadie habrá que se atreva a hacer una declaración, diciendo que los seglares no pueden cristianizar las actividades en que cada día intervienen. Pero —al mismo tiempo— no faltarán quienes no estén en condiciones de comprender a los que tratan de poner en práctica ese modo sencillo, natural y divino, de santificarse y de trabajar apostólicamente.

19* Por esa razón, la novedad del Opus Dei no puede ser juzgada justamente con la mentalidad de los que están acostumbrados a estudiar solo problemas de la vida clerical o de la vida religiosa; y no están habituados a investigar o a meditar en

---

* Sobre la relación entre clericalismo y diletantismo y su diferencia con la labor científica o profesional de algunos sacerdotes o religiosos, ver glosario (N. del E.).

la realidad seglar, en la vida del cristiano corriente: que debe vivir desprendido del mundo, pero al mismo tiempo en el mundo, amándolo, injertado en los quehaceres temporales, ejercitando el trabajo del que vive y —en nuestro caso— del que hubiera vivido si no fuera del Opus Dei.

Con una mentalidad así, es fácil que vuestra perseverancia en el trabajo profesional —sin pararse en fatigas ni en cansancios— sea incluso interpretada como ambición de mando o de cargos, cuando se trata en cambio solamente de buscar la santificación en ese trabajo, realizándolo con la mayor perfección posible —también humanamente—, por amor de Dios y para acercar las almas a Cristo y a su Iglesia, en una abnegada, difícil y humilde misión de amistad y de servicio.

No se nos puede considerar como aficionados, igual que a algunos religiosos o sacerdotes que ejercen oficios seculares o cultivan ciencias profanas marginalmente, desvirtuando más o menos, en algunos casos, su vocación sacerdotal o religiosa e incluso la misma labor científica o profesional que les es ajena.

Nuestra labor es secular —os decía—, llena de un anticlericalismo bueno, que procede del amor al sacerdocio y que nos lleva a estar fielmente pegados al Papa y a los Ordinarios, aunque

20

precisamente por esa fidelidad nuestra no nos falten incomprensiones.

No os canséis de predicar, hijas e hijos míos, el amor y la obediencia rendida al Santo Padre. Aunque su figura no hubiera sido instituida por Jesucristo, la cabeza me dice que es precisa una autoridad central fuerte —la Santa Sede—, para llevar a razón a quienes no logren ponerse de acuerdo, dentro de la Iglesia, y disparaten.

Pero es que, además, por encima y antes de esos motivos lógicos, está la voluntad de Dios, que quiere en la tierra un Vicario, y le asiste infaliblemente con su Espíritu.

21 Hemos de ser, pues, anticlericales, con un anticlericalismo que nos hace amar más la Iglesia, y que es bueno, porque hay otros anticlericalismos que son malos.

Uno, lo es de modo violento, *suadente diabolo* y, por odio a Dios, lleva a arrasar entre torturas crudelísimas todo lo que haga referencia a la religión, al sacerdocio; hay otro tipo de anticlericalismo, también malo, que —quizá sin llegar a la violencia— ignora o desprecia las cosas de Dios; un tercero, que nace de ver a clérigos y a laicos servirse de la Iglesia, para lograr bienes puramente temporales.

Y finalmente el nuestro, que estoy seguro de que agrada al Señor, porque nos lleva a desear, para la Iglesia y para sus ministros, una libertad santa de ataduras temporales; porque nos hace aborrecer connaturalmente todo tipo de abusos, de mezquindades que usen la Cruz de Cristo en beneficio personal, o conviertan la vocación divina, que el Señor da para servir, en una máquina tragaperras que solo busca la comodidad o el propio provecho.

El clericalismo se acompaña ordinariamente de   22
un desprecio por la ley –que parece solo existir para el prójimo–, porque la ley impone un servicio que no se está dispuesto a cumplir. No tiene el espíritu de Jesucristo, es clerical –en el mal sentido de esta palabra– quien abuse de su autoridad, para que los demás le sirvan, quien maneje las almas de un modo tiránico, como si fueran su rebaño de cabras y, cogiéndolas por los cuernos, dijera: *estas son mías*, atropellando así la santa libertad de las conciencias.

    El que así obra carecería de aquella humildad que da sentido a todo quehacer apostólico y, en lugar de cooperar con su vida en la extensión del reino de Cristo, causaría un perjuicio a la unidad de la Iglesia y a la labor pastoral.

Una mentalidad de ese estilo olvidaría el espíritu   23
de servicio que ha de estar presente en todos los que trabajan por Cristo, y llevaría a considerar

los cargos, no como cargas, sino como preben-
das que pudieran usarse en beneficio propio; o
como privilegios, que eximieran de toda obligación; o como un patrimonio personal, que se
pudiera manejar al antojo del dueño.

Ni siquiera cuando se pretendiera abusar
de la autoridad, en favor de un determinado movimiento apostólico o de una concreta labor de
almas, estaría justificado ese proceder. Porque no
caben caprichos ni favoritismos en lo que pertenece a todos los hijos de la Iglesia, ya que ha
sido recibido *intuitu ministri Dei,* como obrero de
Dios, que es tanto como haberlo recibido *intuitu
gregis seu populi Dei,* es decir, en beneficio de todos los fieles.

Hemos de ser buenos administradores

24 Cualquiera que sea la misión que se tenga en el
Cuerpo Místico, se ha de obrar como un administrador fiel —no como un propietario—, que sabe
que habrá de rendir cuentas de sus actos. *¿Quién
piensas que es* —preguntó un día el Señor— *aquel administrador fiel y prudente, a quien su amo constituyó
mayordomo de su familia, para distribuir a cada uno a
su tiempo la medida de trigo correspondiente? Dichoso
el tal siervo, si su amo a la vuelta le halla ejecutando así
su deber. En verdad os digo que le dará la superinten-
dencia de todos sus bienes.*

Pero si el criado dijere en su corazón: mi amo no piensa en venir tan presto; y empezare a maltratar a los otros criados y a las criadas, y a comer y a beber y a embriagarse, vendrá el amo del tal siervo en el día que menos le espera, y en la hora que él no sabe, y le echará de su casa y le dará el pago debido a los criados infieles[20].

El buen administrador sabe distribuir con justicia los dones de su señor, sabe hacer rendir los talentos recibidos, en provecho de todos los siervos, pues *non est personarum acceptor Deus*[21], Dios no hace acepción de personas.

Ciertamente es tarea difícil, porque cuesta no dejarse llevar por las apariencias, y ese administrador fiel necesita ser sensible a las mociones del Espíritu Santo, para distribuir los bienes del Señor, como el mismo Señor lo haría; ni puede tampoco guiarse por la comodidad, encajando a los que son buenos servidores –precisamente por el hecho de serlo– los trabajos más desagradables, o distribuyendo cargos y oficios sin ponderar la necesaria preparación de las personas.

Sabéis que me desagrada la violencia, pero humanamente no dejo de explicarme que, por bueno que sea, reaccione bruscamente aquel que –por su limpio deseo de servir– no ha recibido

25

---

[20] Lc 12,42-46.
[21] Hch 10,34.

más pago humano que una continuada brusquedad. Aunque no buscara esos pagos terrenos, se trata de una criatura humana, y es fácil que la cuerda del arco, cuando está siempre en tensión, alguna vez se rompa.

26 Contrario al anticlericalismo de que os estoy hablando, es pretender aprovecharse de la condición de católico, para imponer un criterio personal en lo que es opinable; o para exigir gratuitamente, de otros católicos, la prestación de determinados trabajos profesionales, sin corresponder económicamente con lo que es justo y razonable, porque ese es su trabajo y el medio que tienen para vivir y sostenerse. Con la agravante además de que, si esos servicios se solicitasen de otras personas, quizá indiferentes o enemigas de la Iglesia, se pagarían como es debido, y aun quizá con traiciones a la Iglesia.

Cuando veo, en la vida política de cualquier país, laicos que se arrogan la representación de la Jerarquía episcopal, comprometiéndola en cosas temporales, porque ellos —los laicos, que se llaman ostentosamente católicos— no son capaces, o no parecen capaces, de asumirse la personal responsabilidad que les corresponde como ciudadanos; y se pegan a la Iglesia como la hiedra al muro, haciéndolo desaparecer primero con su follaje, y

destruyéndolo después con las raíces que buscan
la savia en las grietas de los nobles sillares, de ordinario callo y rezo. Siempre, sin embargo, se viene
a mi memoria aquel pasaje de San Lucas, y me parece oír la voz de Jesús Señor Nuestro, diciéndoles:
*escrito está, mi casa es casa de oración; pero vosotros la
habéis hecho cueva de ladrones*[22].

Un modo de proceder *clerical*, aunque estuviese   27
amparado por muy buenas intenciones, llevaría
también a pretender de otros la realización de
iniciativas y proyectos apostólicos, sin tener en
cuenta la carga que supone llevarlos a cabo. Es
evidente que el que se entrega a trabajar por Cristo lo ha de hacer desinteresadamente, pero no se
puede olvidar que el apóstol también necesita
comer y vestir, alimentar a los suyos y descansar.
    Sois testigos de que nunca nos hemos ne-
gado a hacer un servicio de almas, aunque nos
costara dinero. Sabemos lo que decía San Pablo:
*Dominus ordinavit iis qui Evangelium annuntiant,
de Evangelio vivere*[23], a los que anuncian la bue-
na nueva, se les ha de proveer de lo necesario;
pero también podemos repetir lo que afirmaba
el Apóstol: *non usi sumus hac potestate, sed omnia
sustinemus, ne quod offendiculum demus Evangelio*

---

[22] Lc 19,46.
[23] 1 Co 9,14.

Christi[24], no hemos hecho uso de ese derecho, y lo sufrimos todo con gusto, para que no surjan dificultades al Evangelio de Jesucristo.

28 Si —en lugar del deseo de servicio— aparece el falso amor a la Iglesia, reina también el arbitrio, el privilegio, y se enrarece y se enturbia la atmósfera sana que hay siempre que se obra en la presencia de Dios. Será lógico —absurdamente lógico— que, como consecuencia, no se vea con buenos ojos ni se entienda a los que solo quieren servir.

Copio, sin más, lo que ya tuvo que escribir San Juan: *yo quizá hubiera escrito a esa iglesia; pero Diótrefes, que ambiciona la primacía entre los demás, nada quiere saber de nosotros. Por tanto, si voy allá, denunciaré sus procedimientos, haciéndole ver el mal que hace vertiendo malignas especies contra nosotros; y como si esto no bastase, no solo no recibe a nuestros hermanos, sino que, a los que les dan acogida, se lo prohíbe y les echa de la Iglesia*[25].

29* Hijas e hijos queridísimos, también en eso se nota que la Obra es de Dios, porque —como a

---

* "el señor corregidor": sobre el significado de este dicho, ver glosario (N. del E.).

[24] 1 Co 9,12.
[25] 3 Jn 9-10.

aquellos primeros cristianos– a nosotros nos ha tocado sufrir la misma suerte, por la incomprensión y la celotipia de falsos hermanos, que han llegado a tratarnos como a herejes. Mienten, por envidia, y se olvidan desgraciadamente de que, cuando se decidan a decir la verdad, serán –solo entonces– fecundos en Cristo: *veritas liberabit vos*[26], la verdad les hará libres.

Es cierto que nos ha tocado sufrir –y no hay trazas de que por ahora nos vayan a dejar trabajar tranquilos–, pero no omitáis aclarar a los que os digan, como compadeciéndonos, *¡cuántos enemigos tienen Vds.!: sí, y ¡cuántos amigos!* Porque esa es la realidad, y cada día serán más los que nos entiendan y nos quieran.

Ahora, por amor a su Obra, el Señor nos está haciendo protagonistas de la parábola de la vid y los sarmientos; está permitiendo la contradicción, *ut fructum plus afferat*[27], para que demos todavía más fruto. A los ojos de los hombres es quizá incomprensible –podría decirse: yo no lo entiendo..., y *el señor corregidor tampoco lo entiende*–, pero en los designios de Dios son providenciales esas personas que, estrujándose el cerebro, se han puesto a buscar tres pies al gato, cuando –para entender la Obra– basta ser católico de

---

[26] Jn 8,32.
[27] Jn 15,2.

recta intención, y conocer un mínimo de acción pastoral, de teología y de derecho.

30 El espíritu sencillo del Opus Dei ama la verdad y la sinceridad; mira al servicio de la Iglesia, y lleva al respeto y a la defensa de la libertad. Francamente, no puedo comprender otro servicio a la causa de Dios, que no tenga por lo menos ese amor a la libertad personal de los hombres.

Nosotros amaremos, por consiguiente, la unidad y la variedad maravillosa que hay en la Iglesia; veneraremos y contribuiremos a hacer que se veneren los instrumentos de esa unidad; comprenderemos las manifestaciones de catolicidad y de riqueza interior, que se ponen de manifiesto en la diversidad de espiritualidades, de asociaciones, de familias y de actividades que, en todo tiempo y en todo lugar, dan prueba de proceder todas de un mismo Espíritu indivisible[28].

Por esa razón, habéis de reaccionar con energía ante cualquier aparente servicio a la Iglesia, que desvirtúe el sentido sobrenatural de cualquier tarea espiritual y apostólica, o que pretenda atentar a la libertad individual o a la de las instituciones de Nuestra Madre la Iglesia.

---

[28] Cfr. 1 Co 12,11.

La unidad del apostolado

Ut omnes unum sint, *que todos sean una misma*   31
*cosa, y que como tú, ¡oh, Padre!, estás en mí y yo en
ti, así sean ellos una misma cosa en nosotros, para que
crea el mundo que tú me has enviado. Yo les he dado
la gloria, la claridad que tú me diste, para que sean
una misma cosa, como lo somos nosotros. Yo estoy en
ellos, y tú estás en mí; a fin de que sean consumados
en la unidad* −consummati in unum−, *y conozca
el mundo que tú me has enviado, y que los has amado
a ellos como a mí me amaste* [29].

Así es la oración que Jesús hace a Dios Padre, por nosotros; y esta es también la oración que,
unidos a Jesucristo, rezan diariamente desde el co-
mienzo de la Obra todos los hijos del Señor en su
Opus Dei: *pro unitate apostolatus,* por la unidad que
solo da el Papa para toda la Iglesia, y el Obispo, en
comunión con la Santa Sede, para su diócesis.

Unidad en la caridad, en el amor de Dios, para   32
que todos los hombres conozcan que el Señor
les ama y les quiere salvos: *que amó tanto Dios al
mundo, que no paró hasta dar a su Hijo unigénito, a
fin de que todos los que creen en él no perezcan, sino
que vivan vida eterna* [30].

---

[29] Jn 17,21-23.
[30] Jn 3,16.

Ese afán de unidad, hijas e hijos de mi alma, es también otro motivo más para que queramos al Papa con todas nuestras fuerzas y estemos siempre dispuestos a servirle, sea quien sea su Persona Augusta. Cuando lleguéis a ser viejos, y yo haya rendido cuenta a Dios, no dejéis de decir a vuestros hermanos que el Padre quería al Papa con todo su corazón.

33 Estamos, además, en inmejorables condiciones para servir y para fomentar la unidad de la Iglesia. Resulta difícil que, por nuestra parte, haya interferencias en el trabajo apostólico de otros, ya que el nuestro es objetivamente distinto y es también diferente el modo de realizarlo, siempre a través del trabajo humano profesional.

Es completamente distinto, en primer lugar, del que hacen los religiosos, por la sencilla razón de que no somos religiosos ni hemos nacido para suplantarles; es distinto también del que realizan los miembros de otras asociaciones de fieles, porque nuestras tareas apostólicas tienen como base la labor profesional –no son simplemente algo añadido a la actividad ordinaria de ciudadano y de profesional–, y exigen plena dedicación a Dios en esas labores, a la vez profesionales y apostólicas.

Vivís de vuestro oficio, habéis de ganar lo suficien-   34
te para manteneros y para ayudar económicamente
a la Obra, en sus labores espirituales. Y el apostolado no es algo sobreañadido a vuestra profesión, o
como una profesión distinta. Nuestra colaboración
al trabajo de almas es, pues, un servicio extraordi-
nariamente económico para la Iglesia: gratuito.

Y en esto también os distinguís de otros
seglares que, por dedicar toda o parte de su actividad a un determinado apostolado, obtienen
de esa labor toda o parte de su sustentación, con
lo que suponen una carga para la diócesis o para
la Santa Sede.

El Opus Dei y sus hijos no necesitan dinero, porque trabajan, cada uno en su tarea profesional, y se sostienen sobradamente; pero, para
nuestras obras corporativas, cuanto más nos ayuden, mejor serviremos a las almas.

Vosotros os movéis en el plano de las relaciones   35
temporales, sociales y profesionales; y es a través de vuestro trabajo, individualmente o en las
organizaciones que reúnen a los hombres –por
motivos de carácter cultural, científico, político,
económico, etc.–, donde dais doctrina y vida
interior, llevando a vuestros amigos y colegas al
encuentro con Jesucristo.

De ese modo, metidos, por derecho y por
deber, en todas las actividades humanas, podréis

—cada uno personalmente— defender eficacísimamente no solo los intereses de la Iglesia y su doctrina —que ha de iluminar la cultura, las ciencias, las artes—, sino también la propia vida y la libertad de todos los católicos y de todas las asociaciones, familias y organizaciones nobles, a la vez que defendéis la libertad de todos los hombres.

36 Solo podrá haber interferencias —porque lucharemos para evitar esos abusos— siempre que, por parte de alguno, se quisiera imponer, con equivocada mentalidad clerical, un criterio único en alguno de los campos que Dios ha dejado a la libertad de opinión de los hombres, para no perder —por ejemplo— el control de determinadas actividades sociales, políticas, económicas, etc., que llevan en vano el sobrenombre de católicas. Siempre estamos por la libertad.

La unidad de criterio para los católicos —también por tanto para los socios de la Obra—, la ha de dar la Jerarquía ordinaria de la Iglesia, cuando lo estime conveniente para el bien de las almas. Nada tienen que decir entonces —ni antes tampoco— los que gobiernen la Obra, porque no es misión suya orientar en esos asuntos, en los que cada uno de vosotros es personalmente libre y responsable.

El bien de las almas exige necesariamente, en   37
tales circunstancias, una actitud clara, positiva,
de la Jerarquía —y nosotros la obedeceremos—,
sin que por desgracia falten fuera de la Obra
los que se lamentan si la Iglesia habla, porque
lo hace de un modo que a ellos no gusta; o sin
que tampoco falten los que se quejan si la Iglesia
calla: siempre habrá quien se duela del silencio
de la Iglesia, por el simple motivo de que querría
descargar su personal responsabilidad en la Jerarquía episcopal de su nación.

Si se pretendiera echar sobre los demás
actuaciones propias; si alguno no se resignara a
desaparecer de la pobre escena de su mundillo
apostólico, político o social; si se empeñara en
atribuirse méritos o éxitos ajenos, o si no se es-
tuviera dispuesto a renunciar al gusto de figurar,
se acabaría por dar razón a los sembradores de
la discordia, y entonces sí que las palabras de la
Iglesia podrían ser ocasión de escándalo: pero no
por Ella, que es Maestra de verdad, sino por la
desobediencia de alguno de sus hijos.

Libertad y responsabilidad

Por eso no os canséis de predicar el amor a la   38
libertad, y demostradlo trabajando con responsabilidad personal en todas las tareas de los hombres. Insisto en que la Obra, como tal, no tiene

nada que ver con esas actividades; a la Obra corresponde solo mantener el vigor de vuestra vida interior y ayudaros a conocer la doctrina de Jesucristo, para que podáis hacer en todo lugar el servicio que Dios nos pide.

Un servicio generoso, hecho −como vengo repitiéndoos− con mentalidad laical: con la mentalidad que tiene un profesional cristiano, que no se sirve del nombre de un santo, para vender kilos de novecientos gramos; ni usa en vano el nombre de la Iglesia, para medrar económica o socialmente.

Habéis de servir a las almas, en una palabra, sabiéndoos mayores de edad; y estando dispuestos a dar razón de vuestros actos, sin involucrar en vuestra actividad de ciudadanos ni a la Esposa de Jesucristo ni a la Obra.

39 Este modo laical de servir a la Iglesia vige también en las labores que, con fines exclusivamente apostólicos, promueve la Obra, como corporación: son labores que tienen por objeto dar a conocer mejor la doctrina del Señor, que abarcan toda la gama de actividades lícitas que pueda hacer un grupo de ciudadanos, y que es, por tanto, una tarea también profesional.

Sabéis que, como consecuencia, no damos nunca a estas obras de apostolado corporativo, ni a ninguno de nuestros Centros, el

apelativo de *católicos* o el nombre de un santo
patrón: de esta manera, se pone mejor de manifiesto el carácter laical de nuestro trabajo, a
la vez que no se oculta en absoluto su contenido apostólico.

Seguiremos este modo de proceder, aunque lleve   40
consigo sacrificios económicos no pequeños: en
estados católicos, por ejemplo, los institutos, los
colegios, etc., dirigidos por la Iglesia o llevados
por religiosos, suelen gozar de no pocas ventajas, entre las que se encuentran la exención total
o parcial de impuestos, o determinadas ayudas
financieras. Siempre que lo podamos hacer, re-
nunciaremos de buen grado a esos privilegios
—que, por otra parte, no a todos gustan—, con
tal de no perder nuestra manera laical de trabajar
y de servir a la Iglesia.

Ese criterio, sin embargo, tendrá también
su contrapartida, porque si esas obras fueran *oficialmente* católicas, algunos fieles —así están las
cosas objetivamente— y sobre todo muchos no
católicos dejarían de colaborar en ellas, e incluso los hijos míos que las dirigieran se verían
molestados por muchos que les pedirían un dinero que no tienen, porque tampoco faltan los
que, con una mentalidad deformada, acuden a
los apostolados católicos para medrar, como las
moscas a la miel.

41　　Pero dejemos estas consideraciones, y volvamos al hilo de las cosas que antes os decía. Os estoy hablando de servicio, y he empezado a señalar algunas características que ha de tener el nuestro. Quisiera ahora detenerme en otra, que está muy relacionada con el modo laical de trabajar, que tenemos en la Obra: el desinterés. Hemos de servir —os he solido decir— sin esperar ni una mirada de agradecimiento en la tierra.

En conciencia, me atrevo a aseguraros que este modo de proceder no suele abundar mucho. Hemos de rezar, para que solo sean historia pasada las razones que movieron a San Bernardo a escribir aquellas palabras que dirigía al Papa Eugenio III, en los *Cinco Libros sobre la Consideración*: *¡Abuso grande! Pocos miran a la boca del legislador, todos a las manos. Mas no sin motivo. Ellas son las que distribuyen los cargos y los empleos... Cuando* (esos ambiciosos) *hacen la oferta de servir, es cuando principalmente quieren dominar. Se prometen fieles, para causar daño más oportunamente a los que en ellos confían...*

Estos, hechos odiosos a la tierra y al cielo, en una y en otro pusieron sus manos, llenos de impiedad contra Dios y de temeridad contra las cosas santas; entre sí mismos sediciosos; de sus vecinos, émulos; inhumanos con sus extraños; hombres que, no amando a ninguno, nadie los ama, y que, cuando afectan ser temidos de todos, es preciso que a todos teman.

*Estos mismos son los que no sufren estar sujetos
y no aciertan a presidir, siendo a los superiores infieles y a los inferiores insoportables. No tienen empacho
para pedir, al mismo tiempo que tienen dura la frente
para negar. Son importunos para recibir, inquietos
hasta que reciben, ingratos después que han recibido.*

*Han adiestrado su lengua para hablar cosas
grandes, al mismo tiempo que todo lo que obran es
muy poco. Larguísimos en prometer, escasísimos en
cumplir; suavísimos aduladores y mordacísimos
detractores; sencillísimos disimuladores y malignísi-
mos traidores*[31].

Hijos míos, la cita ha sido larga, pero aho-
rra todo comentario. No os olvidéis vosotros de
que el amor y el servicio a la Iglesia, cuando son
auténticos, no se paran en las personas que pre-
siden, porque apuntan siempre más alto: *Domino Christo servite*[32], es a Cristo a quien se ha de
servir, y os aseguro que esa rectitud de intención
no es fácil.

Saber decir la verdad a los que mandan. Saber callar

Para los que no andan por el camino de la ver-   42
dad, los que quieren decírsela son incómodos,

---

[31] S. BERNARDO DE CLARAVAL, *De Consideratione libri
quinque ad Eugenium tertium*, IV, c. II (SBO III, pp. 451-452).
[32] Col 3,24.

de la misma manera que el mártir y el santo son incómodos para el tibio, y acicate para el fervoroso. La Iglesia necesita, sin embargo, del amor de sus hijos, siempre dispuestos a manifestar —con desprendimiento efectivo de su persona y con la mira puesta en objetivos sobrenaturales— todo lo que con certeza, en la presencia de Dios, vean que han de manifestar.

Hay que hacerlo con el convencimiento de que solo así se ayuda realmente al que dirige, al que sirve llevando las bridas; hay que hacerlo también, a sabiendas de que el Buen Pastor no puede tener miedo a conocer la sarna de alguna oveja, aunque se le acarreen trabajos y complicaciones, que siempre serán santos.

Y cuando no se pueda hablar —porque no es oportuno, o porque se ha recibido un consejo en ese sentido, de quien tiene autoridad para darlo—, habréis de saber callar, ofreciendo a Dios el dolor y el sufrimiento que se prueba: con fe en la providencia, llegaréis así una vez más al convencimiento de que servir es trabajar puesta la mirada siempre en el cielo.

43 Con todo esto os recuerdo que habéis de esforzaros por vivir ejemplarmente, sirviendo con desinterés a la Iglesia y a todas las almas. Y es oportuno que os aclare ahora —aunque sea de pasada— que es perfectamente compatible

con la realidad del Opus Dei el esfuerzo que pongáis para no rechazar puestos de responsabilidad en la vida civil, porque ese empeño –noble, con medios plenamente lícitos siempre– no tiene otro objetivo que el servicio desinteresado: sería tentación diabólica pensar que es ambición personal.

Trabajaréis desde esos puestos con el mismo espíritu con que lo haríais en los quehaceres más escondidos y humildes: por afán de servicio –no encuentro otra palabra–, bien persuadidos de que los cargos, para los hijos de Dios en su Obra, han de ser siempre obligaciones, gustosamente aceptadas y gustosamente llevadas por amor al Señor y a la humanidad entera.

Otra característica de nuestra servidumbre a la 44 Iglesia es la ausencia de bombos y propagandas, la humildad personal y colectiva con que procuramos trabajar. Desde el principio de la Obra os he dicho que no necesitamos de ningún secreto, y que nuestra discreta reserva sobre las cosas que pertenecen a la intimidad de la conciencia de cada uno, aunque entonces fuera más necesaria, había de ser algo que viviéramos siempre con naturalidad.

Pero –insisto– sin secretos ni secreteos, que no necesitamos ni nos gustan. Soy aragonés y, hasta en lo humano de mi carácter, amo la sinceridad: siento una repulsión instintiva por todo lo que sean tapujos.

Hay gentes, sin embargo, que dan la impresión de vivir en el balcón, que se alimentan del qué dirán y de las estadísticas, y que parecen tener la simulación como regla de oro de su existencia. Tampoco con esa mentalidad se nos puede entender.

Una curiosidad enfermiza que lleve a investigar en la vida privada de los demás, a estar enterado de cosas que no deben salir del recinto de la conciencia, y que tantas veces no sirve más que para matar la vocación y hacer daño a la Iglesia, es incapaz de captar el hondo sentido cristiano de nuestro modo de trabajar.

Son personas que hacen estadísticas de todo —menos del dinero que manejan—, y no parecen darse cuenta de que hay cosas espirituales, la mayoría de las que tienen importancia, que no pueden reducirse a números.

Ciertamente no desprecio las estadísticas, que considero necesarias, pero pienso —lo veo claramente— que no debe dárseles la publicidad que a veces se les concede. Y no me baso solo en el recuerdo de la reciente experiencia vivida en España, durante la persecución religiosa del dominio comunista, sino también en lo que conozco de otras naciones.

La inestabilidad política es casi constante en   45
muchos países, que están expuestos de modo
permanente a un movimiento de persecución
anticatólica. En esas circunstancias no es en absoluto conveniente que los enemigos de la Iglesia
encuentren, en publicaciones que recogen tales
estadísticas o simplemente en los documentos
de este tipo preparados en las curias episcopales,
unos datos, a veces detalladísimos, que les servi-
rán para destruir las fuerzas católicas organizadas.
No se puede olvidar la prisa con que se dirigen los
perseguidores a los archivos eclesiásticos.

Ni antes ni después de 1936 he intervenido
directa o indirectamente en la política: si he teni-
do que esconderme, acosado como un criminal,
ha sido solo por confesar la fe, aun cuando el
Señor no me ha considerado digno de la palma
del martirio. No obstante, tres veces he estado a
punto de morir mártir: en una de esas ocasiones,
ahorcaron delante de la casa en que vivíamos, a
una persona que habían confundido conmigo.

El bien de la Iglesia exige —es realmente un de-   46
ber— que se evite que sucedan cosas de ese estilo,
que se aniquile a los servidores de Dios, como
hicieron entonces, hace siete u ocho años, cuando han asesinado a tantos millares de sacerdotes
y de simples fieles, y han destruido los templos y
las casas religiosas.

Destruyeron también las casas en las que desarrollábamos nuestros apostolados, pero como los nombres de los hijos míos no figuraban en los documentos de la Curia episcopal, pudieron perseguirme solo a mí. Y casi todos los que entonces estaban conmigo siguieron en condiciones de trabajar por el bien de las almas, pasando inadvertidos en aquella caótica situación.

47   Es oportuno que –en condiciones semejantes– la mayor parte de los que forman la Obra se salve, para que puedan continuar desarrollando su actividad de apóstoles, incluso en medio de una durísima persecución, ayudando a los sacerdotes escondidos, procurando a los fieles la posibilidad de recibir el sacramento de la penitencia y –como hicisteis algunos de vosotros– bautizando, administrando la Sagrada Comunión, animando a los católicos.

Valdría la pena aplicar el procedimiento que los Estados siguen, en el caso de algunas de sus instituciones más eficaces: sin dar la impresión de secreto –que en nuestro caso incluso no existe– evitan detalles de publicidad innecesaria. Es consolador pensar en el trabajo cristiano que pueden hacer mis hijos, si no son conocidos oficialmente como miembros de la Obra; y esto se puede conseguir, para la mayor parte de ellos, sin misterios ni secreteos que no necesitamos.

Pienso, en una palabra, que a la autoridad com- 48
petente se le deben proporcionar los datos esta-
dísticos que estime oportunos, pero que –por lo
menos, en lo que concierne al Opus Dei– me
parece peligroso, aun defendiendo –como de-
fenderemos siempre– los derechos de los obispos, que se publiquen las estadísticas nacionales
o diocesanas con datos superfluos, o que se con-
serven estos datos en los archivos de las curias.

Generalmente los Revmos. Ordinarios
conocen los nombres de los Superiores religiosos y sus domicilios y, si se trata de religiones
clericales, los nombres y los domicilios de los
sacerdotes que tengan licencias ministeriales en
la diócesis. En el caso de asociaciones de fieles
–como es el nuestro– saben los domicilios de la
asociación y los nombres de los dirigentes.

A nadie se le ha ocurrido que el Ordinario co- 49
nozca –o pretenda conocer– lo que hace en su
diócesis cada fraile. De cada uno de ellos sabe
que es religioso, si es que le conoce, y basta: el
único que está al corriente de lo que hace –y no
siempre– es su Superior inmediato, a no ser que
surja un escándalo.

Pensad en la información que tiene el obispo, sobre cada cofrade de una asociación piado-
sa, o sobre cada miembro de la Acción Católica.
Pensad también en las noticias que tiene del

dinero de cada feligrés. Para tener todos esos datos inútiles necesitaría un archivo inmenso, y una colección de archiveros, y un papeleo agotador.

Lo curioso, hijas e hijos míos, es que de nosotros quieren saber algunos hasta cuántos pelos tenemos en la cabeza.

Los miembros de la Obra son cristianos corrientes

50   Por el bien de la Iglesia hemos de rezar para que se acaben esas injustas discriminaciones: por lo menos, que todo el mundo nos trate como a los demás ciudadanos, nuestros iguales, porque —como ellos— pagamos nuestros impuestos, cumplimos el servicio militar y no deseamos ningún privilegio que no tengan nuestros colegas.

Es preciso que procuremos borrar la calumnia de secreto, que se están empeñando en arrojar sobre el Opus Dei: no falta alguno que se atreve a calificar la Obra de *masonería*. Necedad grande, porque nada tenemos que aprender nosotros de los enemigos de Jesucristo, para servir a Jesucristo, a su Iglesia y a su Vicario.

Quizá lo que les preocupa es la *desorganizada organización* que ofrece nuestro apostolado, y saben que una publicidad abusiva impediría el trabajo de muchos de mis hijos, que al ser conocidos *oficialmente* como miembros del Opus Dei o como católicos responsables, se verían incapacitados para desarrollar su actividad en muchísimos ambientes —universitarios, sindicales, obreros, económicos, políticos, etc.—, en los que han de servir a la Iglesia.

Y digo *oficialmente,* porque de hecho —es otra 51 prueba de que en la Obra no hay secreto de ningún tipo— la inmensa mayoría de vosotros sois conocidos como socios del Opus Dei por vuestras familias, por vuestros amigos, por vuestros colegas, que sienten el *bonus odor Christi* de vuestra vida. Pero sería absurdo que se divulgara oficial y públicamente vuestra vocación, y que todos os señalaran con el dedo.

Entre otras cosas, porque nuestro camino —de cristianos corrientes— es absolutamente extraño a esa publicidad, y así se lo hago constar siempre a quienes me preguntan si algunos de vosotros sois de Casa, y si podéis decir que lo sois: *son muy libres de hacerlo, si es que lo ven oportuno; pero, si no es necesario, no hace falta divulgarlo, porque se trata de una cosa personal y privada, que pertenece a su conciencia.*

No os asombre, sin embargo, que los que es- 52 tán acostumbrados a ostentar su condición de católicos o de eclesiásticos, para pedir excepciones o hacer negocios, no entiendan los motivos de nuestra discreción. Su regla general de conducta es tan opuesta a la nuestra, que no nos comprenderán.

No ocultamos nuestra condición de católicos; la confesamos con hechos, a través de nuestro trabajo y, si es preciso, estamos dispuestos a confesarla también, cuando suponga un riesgo, como hizo José de Arimatea, *nobilis decurio, qui et ipse erat exspectans regnum Dei, et audacter introivit ad Pilatum et petiit corpus Iesu* [33], varón noble, que esperaba también el reino de Dios y que audazmente fue a Pilatos y pidió el cuerpo de Jesús.

53 No temáis, sin embargo, que la Iglesia pisotee esa característica de nuestro espíritu. Os consta cómo generalmente nos entienden y nos quieren los Ordinarios de las diócesis en las que trabajamos; y —sea la que fuere la forma jurídica que, con el tiempo, tome la Obra— la Iglesia, que es nuestra Madre, respetará el modo de ser de sus hijos, porque sabe que con eso solo pretendemos servirla y agradar a Dios.

Esta es la razón por la que no admitimos, sobre la Iglesia, ni una duda ni una sospecha: ni la toleramos, en otros, sin protesta. No buscamos a la Iglesia los lados vulnerables —por la acción de los hombres en Ella— para la crítica, como suelen hacer algunos que no parecen tener

---

[33] Mc 15,43.

fe ni amor. No concibo que se pueda amar a la madre, y que se hable de esa madre con despego.

Y nunca estaremos bastante satisfechos de nuestro trabajo, por muchos que sean los servicios que, con la gracia de Dios, hagamos a la Iglesia y al Papa, porque el amor nos exigirá más cada día, y nuestros trabajos siempre nos parecerán modestos, porque el tiempo, del que disponemos, es breve: *tempus breve est*[34].

Con el amor desinteresado, hemos de tener una gran confianza: estoy seguro de que se acrecentará en vuestras almas, con la ayuda de Dios, a pesar de las incomprensiones que el Señor quiera permitir, que —insisto— nunca serán incomprensiones de la Iglesia.

Con este espíritu de confianza filial, recibiremos siempre con gozo y alegría cualquier noticia que nos venga de la Esposa de Jesucristo, también cuando sea dolorosa o pueda parecerlo, a los ojos de personas ajenas a la Obra, ya que sabemos que de la Iglesia no nos puede venir nada malo: *diligentibus Deum omnia cooperantur in bonum*[35]; para los que aman a Dios, todas las cosas son para bien.

54

---

[34] 1 Co 7,29.
[35] Rm 8,28.

Y me atrevo a aseguraros que esta alegría nuestra, a pesar de los pesares, no dejará de causar estupor y sorpresa, y sobre todo edificación, en quienes sin motivo, porque no lo puede haber, esperan de nosotros una reacción distinta.

Amor a los Obispos

55 Estas consideraciones me llevan de la mano a hablaros, finalmente, de otra cosa que empapa todo nuestro servicio apostólico: porque amamos a la Iglesia, tenemos también grande amor a los Obispos, *a los que el Espíritu Santo ha constituido para apacentar la Iglesia de Dios* [36].

Trabajamos en sus diócesis, en la misma dirección que los Revmos. Ordinarios, y en las diócesis queda el fruto de nuestra tarea; procuramos secundar los deseos que manifiesten, como ciudadanos, con nuestro modo peculiar de trabajar, pues para otra cosa no tendríamos gracia de Dios Nuestro Señor.

Dentro de este espíritu, nuestra obediencia es rendida: que den consignas apostólicas, y trabajaremos eficaz y silenciosamente. Y si el Revmo. Ordinario no tiene necesidad de indicar nada especial, trabajaremos también en servicio

---

[36] Hch 20,28.

de la diócesis, tratando de alcanzar los fines propios del Opus Dei.

Por eso los obispos —prácticamente todos— están contentos y agradecidísimos por el bien que hacéis en sus diócesis. Tened en cuenta, sin embargo, que lo lógico no es que solamente ellos estén contentos de nosotros, sino que también lo estemos nosotros de ellos —sé que entendéis esta expresión, que no supone falta de respeto—, ya que con nuestro trabajo laical contribuimos al servicio de la diócesis, y a mejorar la vida espiritual de los fieles, sin costar ni un céntimo a la diócesis, sin exigir la ayuda de nadie: en una palabra, hacemos por caridad, por amor a la Iglesia nuestra Madre y a las almas, lo que el Ordinario está obligado a hacer por justicia, en virtud de la consagración episcopal y de la misión que se le ha confiado en la diócesis.

No dejéis de encomendar asiduamente al Prelado 56 diocesano, como os he enseñado a hacer desde el principio; y tratadle con la cortesía que corresponde al tono sobrenatural y humano de la Obra. También en este punto nos diferenciamos de los religiosos, que lógicamente han de tener con los obispos una relación distinta —aunque sea también muy delicada—, porque es diferente su modo de trabajar, y porque tienen otra mentalidad, otra formación, otro espíritu, puesto que toda su tarea es eclesiástica, y se desarrolla con esquemas muy diversos, de acuerdo con el concepto de *estado de perfección*, que los diferencia de los demás fieles: y, por lo tanto, de nosotros.

Cuando los Revmos. Ordinarios nos lo han pedido, hemos colaborado —y seguiremos colaborando— directamente en los apostolados promovidos por la diócesis, aunque con frecuencia cumplir esos deseos ha supuesto por nuestra parte un sacrificio no pequeño, personal e incluso económico.

57 En todos nuestros apostolados corporativos —de los que la Obra responde plenamente— actuamos siempre de acuerdo con el Obispo, porque nuestro afán es fortalecer su autoridad, y evitar la división de criterios en el apostolado.

Esta unidad, sin embargo, no puede ser uniformidad. Todos los cristianos, y especialmente los que hacen una dedicación personal y total de su vida al servicio de Dios, están unidos en la misión corredentora de la Iglesia —os lo he dicho ya—, pero cooperan en ella de forma distinta, según su vocación específica.

La unidad nos pide, por tanto, amar la llamada divina que hemos recibido y ser fieles a esa llamada: porque es el modo de trabajar, de ser útiles a toda la Iglesia, que quiere para nosotros la Voluntad de Dios; y porque es el modo de dar a entender, en la práctica, que se aman y se comprenden todas las vocaciones, los diversísimos dones que el Espíritu de Dios comunica a los cristianos.

Respeto a las vocaciones de los demás.
Amor y veneración por los religiosos

Quien no es capaz de amar, o al menos de respetar, la vocación de los demás –con las tareas apostólicas que cada vocación lleva consigo–, no ama rectamente la propia vocación: quizá porque quiere desordenadamente que la vocación de los demás sea igual que la suya; o quiere absorber todos los apostolados en el suyo propio, con la consecuencia inmediata de no centrarse en los fines que, por justicia, ha de cumplir, y de convertirse –por tanto– en un obstáculo para el trabajo de los demás y para la unidad y la variedad del apostolado. 58

No voy a extenderme en todo lo que me sugieren estas consideraciones, que se salen del tema de esta Carta, pero no quiero dejar de deciros –una vez más– cómo amo y venero a los religiosos, y a todas las almas que trabajan por Cristo. Refiriéndome a ellos, puedo repetir mil veces con verdad las palabras que San Pablo escribía a los fieles de Filipos: *testis enim mihi est Deus, quomodo cupiam omnes vos in visceribus Iesu*

Christi[37], Dios me es testigo del cariño con que os amo en las entrañas de Jesucristo.

59 Sin embargo, el fenómeno apostólico de la Obra, hijas e hijos míos, y vuestra vocación son tan peculiares —y tan diversos del nacimiento y del desarrollo de una vocación religiosa—, que la totalidad de los socios del Opus Dei, ni antes ni después de encontrar este camino de santidad en el mundo, habían pensado seriamente en entregarse a Dios en el sacerdocio o en el estado religioso.

No sacamos, por tanto, a nadie de su sitio, llevándole a una vocación que no sea la suya; no es posible que apartemos a nadie del camino que Dios le haya trazado. Para que quede bien claro, os escribiré siempre que no queremos ser como unos religiosos *relajados*: porque ni tenemos relajamiento, ni tenemos vocación de religiosos.

Hemos de seguir siendo lo que fuéramos antes de venir al Opus Dei: gente de la calle, cada uno en su estado —solteros, casados, viudos, sacerdotes—, que no cambian de estado por venir a la Obra, aunque dediquen personalmente su vida a servir a las almas por Amor.

---

[37] Flp 1,8.

Los que son hermanos en Jesucristo y trabajan   60
para el único Señor —aunque en labores diversas:
fuit... Abel pastor... et Cain agricola[38]— no pueden
ser nunca obstáculo mutuo; la tarea apostólica
no tiene límites y todos los brazos son pocos
para trabajar: hay labor para todos.

Quien fuese —por envidia, por celos o por
tiranía— un obstáculo para la labor de sus hermanos, no podrá dejar de aplicarse aquel duro
reproche de la Escritura: *por aquí se distinguen a
los hijos de Dios, de los hijos del diablo. Todo aquel
que no practica la justicia, no es de Dios, y tampoco lo
es el que no ama a su hermano; en verdad que esta es
la doctrina que aprendisteis desde el principio, que os
améis unos a otros. No como Caín, que era del malig-
no y mató a su hermano. ¿Y por qué lo mató? Porque
sus obras eran malas y las de su hermano justas*[39].

Nada tiene de particular que el Señor, que
es Padre, muestre predilecciones determinadas
con unos y otros de sus hijos: aunque distintas,
las tiene para todos; a cada cual le da lo que con-
viene, para sí y para la utilidad del conjunto de
la familia y de la labor.

El error estaría en la indelicadeza del hijo,
que no acepta y no se contenta con lo suyo, y
en la equivocación de envidiar lo de los demás.

---

[38] Gn 4,2.
[39] 1 Jn 3,10-12.

Error que puede llevar a caer en la tentación de apartar y alejar al hermano, si se pudiese, como hicieron los hermanos de José[40].

Servir a la Iglesia en cualquier parte

61 Termino ya, hijas e hijos de mi alma. Con el espíritu que habéis recibido, con alegría grande, disponeos a ir donde os llame el servicio de la Iglesia Santa de Dios. Y, en cualquier lugar, la naturalidad de vuestra vida —hombres y mujeres cristianos— os hará instrumentos eficacísimos para sobrenaturalizar todas las actividades terrenas, también en los lugares donde la Iglesia esté perseguida o donde no se conozca el nombre de Jesús, y —unidos en la labor de todo el Cuerpo Místico— restauraréis todas las cosas en Jesucristo[41]. No olvidéis que no trabajo esperando paga en este mundo. Pero el Señor es tan bueno, que me la da: ¡vuestra fidelidad!

Maiorem horum non habeo gratiam, quam ut audiam filios meos in veritate ambulare[42], en ninguna cosa tengo más gusto, que cuando entiendo que mis hijos van por el camino de la verdad. Por eso, me uno ahora nuevamente a la oración del

---

[40] Cfr. Gn, 37.
[41] Cfr. 1 Co 15,27-28; Ef 1,10.
[42] Cfr. 3 Jn 4.

Señor —*sanctifica eos in veritate*[43], santifícalos en
la verdad—, y pido que la sinceridad y la verdad
de un servicio abnegado os acompañen siempre,
por todos los caminos del mundo.

Tenemos la alegría de saber que Dios nos ha　62
escogido desde la eternidad —*redemi te et vocavi
te nomine tuo: meus es tu*[44]; yo te he redimido y
te he llamado por tu nombre: eres mío—, y nos
ha traído a esta gran familia del Opus Dei, que
tiene como orgullo servir: servir a todas las almas y, antes que nada, servir a la Iglesia, Una,
Santa, Católica, Apostólica y Romana; servir
al Sumo Pontífice, con un amor sin condiciones. Fieles a Jesucristo, dóciles al Magisterio
de la Iglesia, rezad y trabajad para extender el
reino de Dios.

　　Hijas e hijos queridísimos, daos cuenta
de tantas cosas como el Señor, la Iglesia, la
humanidad entera esperan del Opus Dei, que
es todavía casi como una semilla escondida
en el surco; percataos de toda la grandeza de
vuestra vocación y amadla cada día más, deci-
didos a ser el instrumento que el Señor necesita, con optimismo, con alegría, con sentido
sobrenatural.

---

[43] Jn 17,17.
[44] Is 43,1.

Adelante, hijos míos, que Jesús y la Iglesia esperan mucho de vosotros; pero que se os meta bien en la cabeza y en el corazón que no haremos nada, si no somos santos.

63 En ese servicio que es vuestra vida, no os faltará la gracia del Señor –es Él quien os ha llamado– y contaréis con la intercesión de los Santos Arcángeles y de los Santos Apóstoles, a los que invocamos como Patronos, y con la ayuda constante de los Ángeles Custodios.

Será el vuestro un servicio abnegado y sumiso, con obras: un *fiat* generoso y siempre actual, en unión de la Santísima Virgen, Madre de Jesucristo y Madre nuestra, que desde la Anunciación hasta el Calvario nos acompaña con su ejemplo.

Si en esta batalla de Dios os encontráis débiles, *infirmus dicat: quia fortis ego sum*[45], decid en medio de vuestra flaqueza: con la gracia de mi Señor, soy fuerte. Y yo, con San Pablo, añado: *gratia vobis et pax!*[46], *¡la gracia y la paz sean con vosotros!*

Y también: *damos gracias a Dios sin cesar por todos vosotros, haciendo memoria de vosotros en nuestras oraciones, acordándonos delante del Dios y Padre*

---

[45] Jl 3,10.
[46] 1 Ts 1,2.

nuestro de las obras de vuestra fe, de los trabajos, de vuestra caridad, y de la firmeza de vuestra esperanza en Nuestro Señor Jesucristo[47].

Que Él os guarde. Os bendice vuestro Padre.

Madrid, 31 de mayo de 1943

---

[47] 1 Ts 1,2-3.

GLOSARIO
de algunos términos y expresiones
usadas por san Josemaría

apostolado de no dar: expresión, aparentemente paradó-
jica, que san Josemaría usaba al menos desde 1931 y
que aparece en el n.º 979 de *Camino*. Para él, significa
ayudar a quien se acerca a Dios y a las obras apostólicas a tener la actitud de "dar", mejor aún, de "darse"
a Dios, no de "recibir" un beneficio material, o una
ventaja personal. Para estimular la generosidad con
Dios y al mismo tiempo salvaguardar la rectitud de
intención. Escrivá pensaba que es propio de la condición humana «tener en poco lo que poco cuesta»
(*Camino*, n.º 979). Por eso aconsejaba cobrar siempre
algo, aunque fuese muy poco, a quienes frecuentan
las múltiples obras sociales que promueve el Opus
Dei entre gente necesitada: de esa forma, decía, se
evita humillarles y que se sientan sin derechos, como
quien recibe algo por caridad. (§9)

el señor corregidor tampoco lo entiende: es decir, no lo com-
prende nadie que tenga sentido común. El corregidor

era un alto funcionario real en la Monarquía Hispánica, con funciones de gobierno, policía, justicia, etc. La anécdota que da origen al dicho parece proceder de la vida estudiantil de Salamanca, donde, a mediados del siglo XVIII, vivía un zapatero socarrón, que –cuando veía pasar por delante de su taller a un estudiante– batía con fuerza la suela, mientras gritaba a pleno pulmón: «¡No lo entiendo!». Su molesta actitud acabó por ser denunciada al corregidor de la ciudad, quien mandó comparecer al zapatero. Al ser interrogado, preguntó a su vez si no es cierto que, para tener ciencia, es necesario estudiar; y si para estudiar, no se requiere recogimiento. El corregidor le dio la razón. Entonces el otro replicó que observaba a los estudiantes salmantinos ir de paseo y visiteo a todas las horas por la calle, por lo que no entendía cuándo se dedicaban a estudiar... De ahí que les recriminara gritando: «¡no lo entiendo!». El juez replicó: «pues yo tampoco lo entiendo». Y a partir de ese momento, cuando el zapatero sorprendía a un estudiante de paseo, gritaba desaforadamente: «¡no lo entiendo! ¡Y el señor corregidor tampoco lo entiende!». La anécdota aparece relatada en el *Album salmantino, semanario de ciencias, literatura, bellas artes e intereses materiales*, del 19 de febrero de 1854. El editor agradece esta información a Constantino *Ánchel*. (*§29*)

(diletantismo) *como aficionados*: Escrivá imagina que los laicos, por su vocación, están llamados por Dios a ocuparse de las cuestiones temporales con profesionalidad y competencia. Pensaba que quienes, llevados por un complejo de superioridad clerical, invaden un campo que no es el suyo, corren el riesgo de acabar demostrando un deplorable diletantismo. No ignoraba la alta labor académica y científica que tantos religiosos y sacerdotes desempeñan –algunos de ellos fueron amigos suyos, e incluso hijos suyos, en el caso de los sacerdotes– y que a lo largo de la historia hicieron compatibles sus tareas eclesiásticas o religiosas con la obtención de altísimos resultados científicos. (§19)

mentalidad laical: expresión de significado muy rico en san Josemaría, que expresa su rechazo al clericalismo y al mismo tiempo su amor al mundo, entregado por Dios a los cristianos para que lo santifiquen; no debe confundirse con "mentalidad laicista", la propia de quien se opone a que la religión tenga relevancia pública. (§38)

perfección cristiana: es un modo de llamar a la búsqueda de la unión con Cristo, a la identificación con Él, propia de cualquier estado de vida, que para san Josemaría es clave en la aspiración a la santidad cristiana; no se debe confundir con el perfeccionismo, ni con la búsqueda de una excelencia espiritual elitista y meramente humana, con las que tiene poco que ver. (§1)

ESTE LIBRO, PUBLICADO POR
EDICIONES RIALP, S. A.,
MANUEL URIBE 13-15, 28033 MADRID,
SE TERMINÓ DE IMPRIMIR EN
ANZOS, S. L. FUENLABRADA (MADRID),
EL DÍA 30 DE JULIO DE 2024.